© 2014, 2016 Edition bi:libri, München
www.edition-bilibri.de

Text und Illustrationen: Yukiko Iwata
Layout: Heljä Albersdörfer
Übersetzung ins Deutsche: Dr. Kerstin Schlieker

Druck und Bindung: Stürtz, Würzburg

Alle Rechte vorbehalten.

Yukiko Iwata

Rück mal ein Stück!
Move Over, Please!

Edition bi:libri

**Sieh mal!
Ein weißer Bär!**

Look!
A white bear!

**Ein schwarzer Bär kommt vorbei.
„Rückst du bitte ein Stück?"**

A black bear comes along.
"Can you move
over, please?"

**Als Nächstes kommt ein brauner Bär vorbei.
„Rückst du bitte ein Stück?"**

**Next a brown bear comes along.
"Can you move over, please?"**

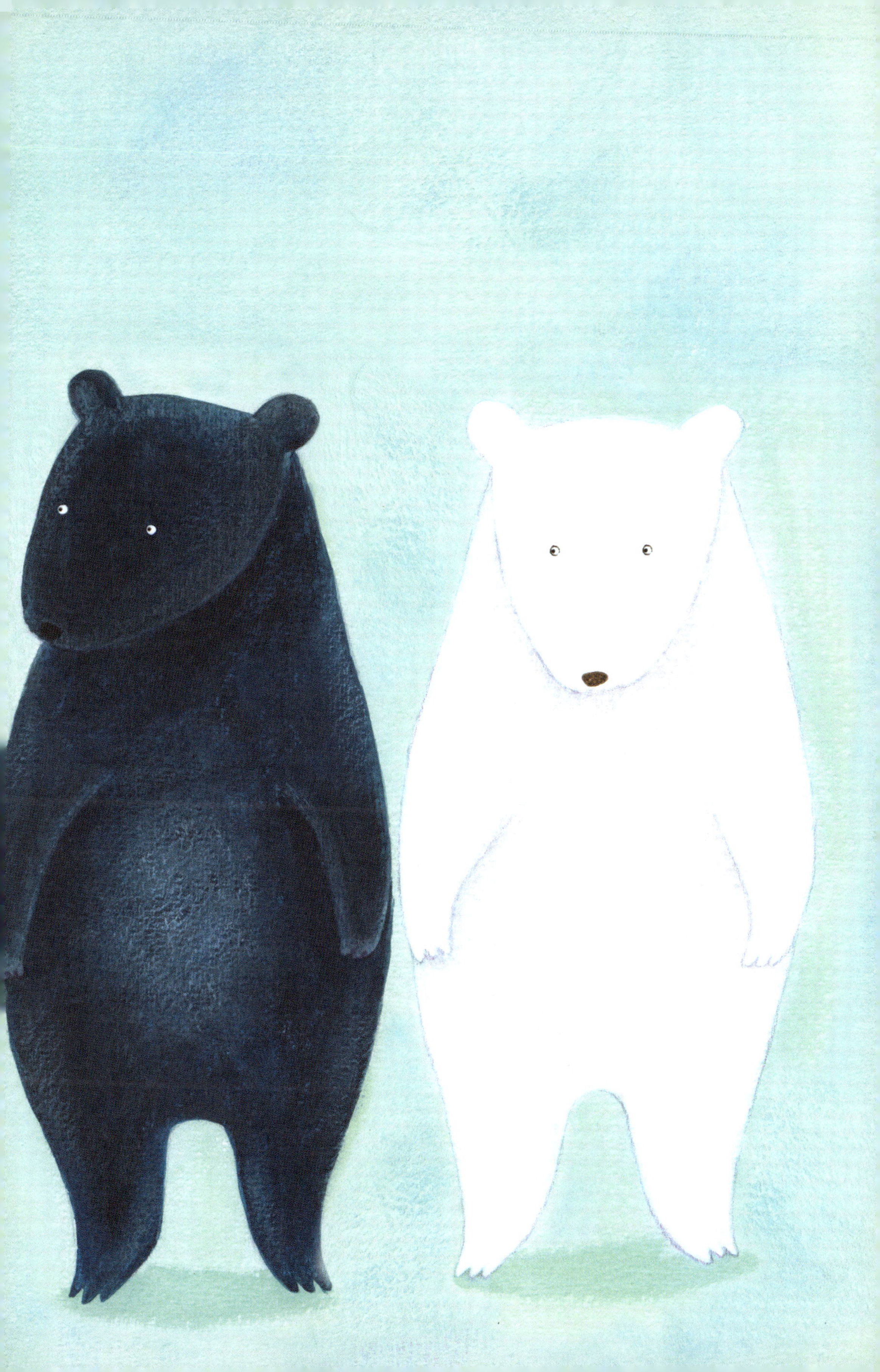

**Dann kommt ein gelber Bär vorbei.
„Rückst du bitte ein Stück?"**

**Then a yellow bear comes along.
"Can you move over, please?"**

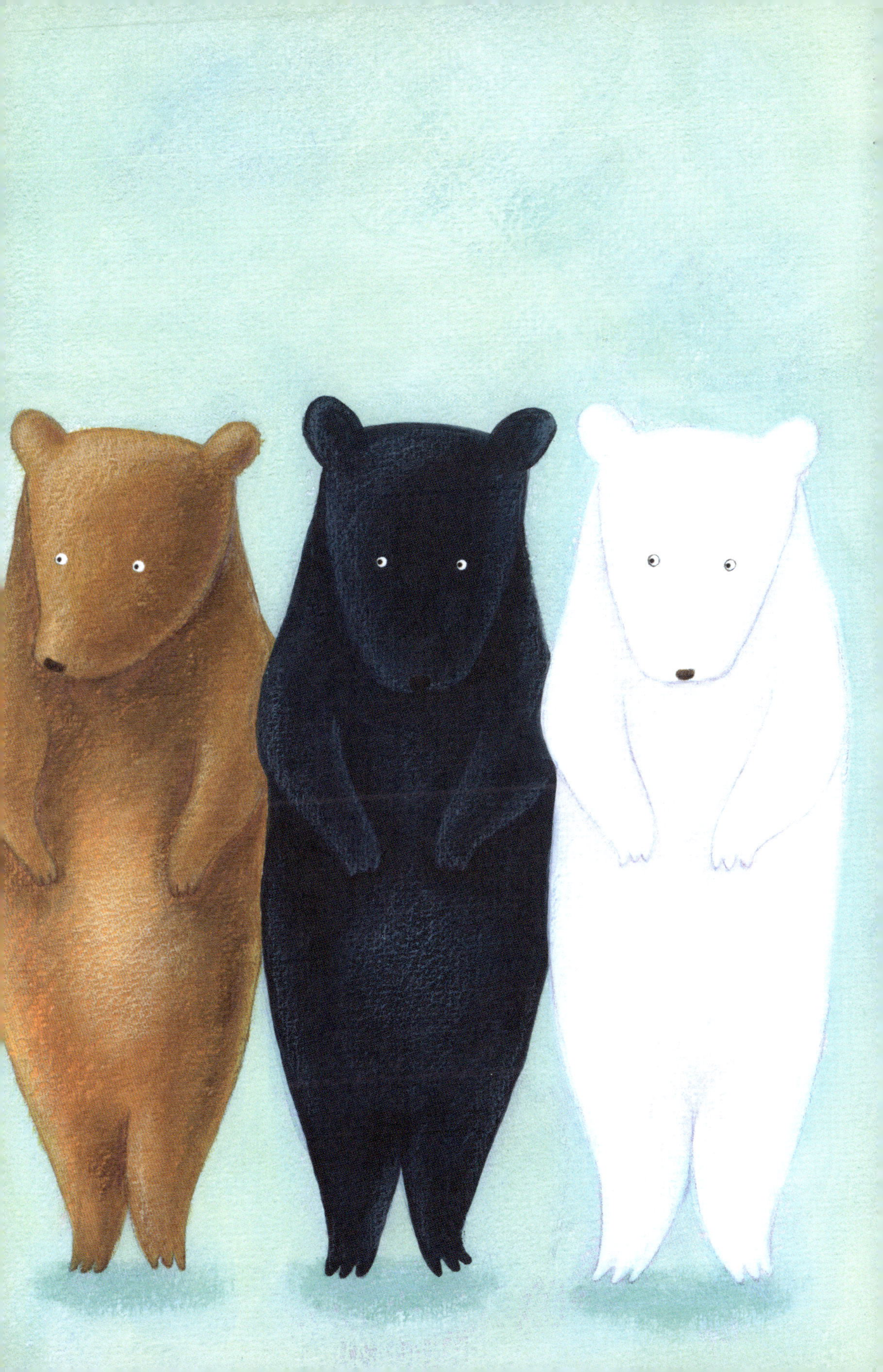

**Es kommt auch noch ein roter Bär vorbei.
„Rückst du bitte ein Stück?"**

**A red bear comes along, too.
"Can you move over, please?"**

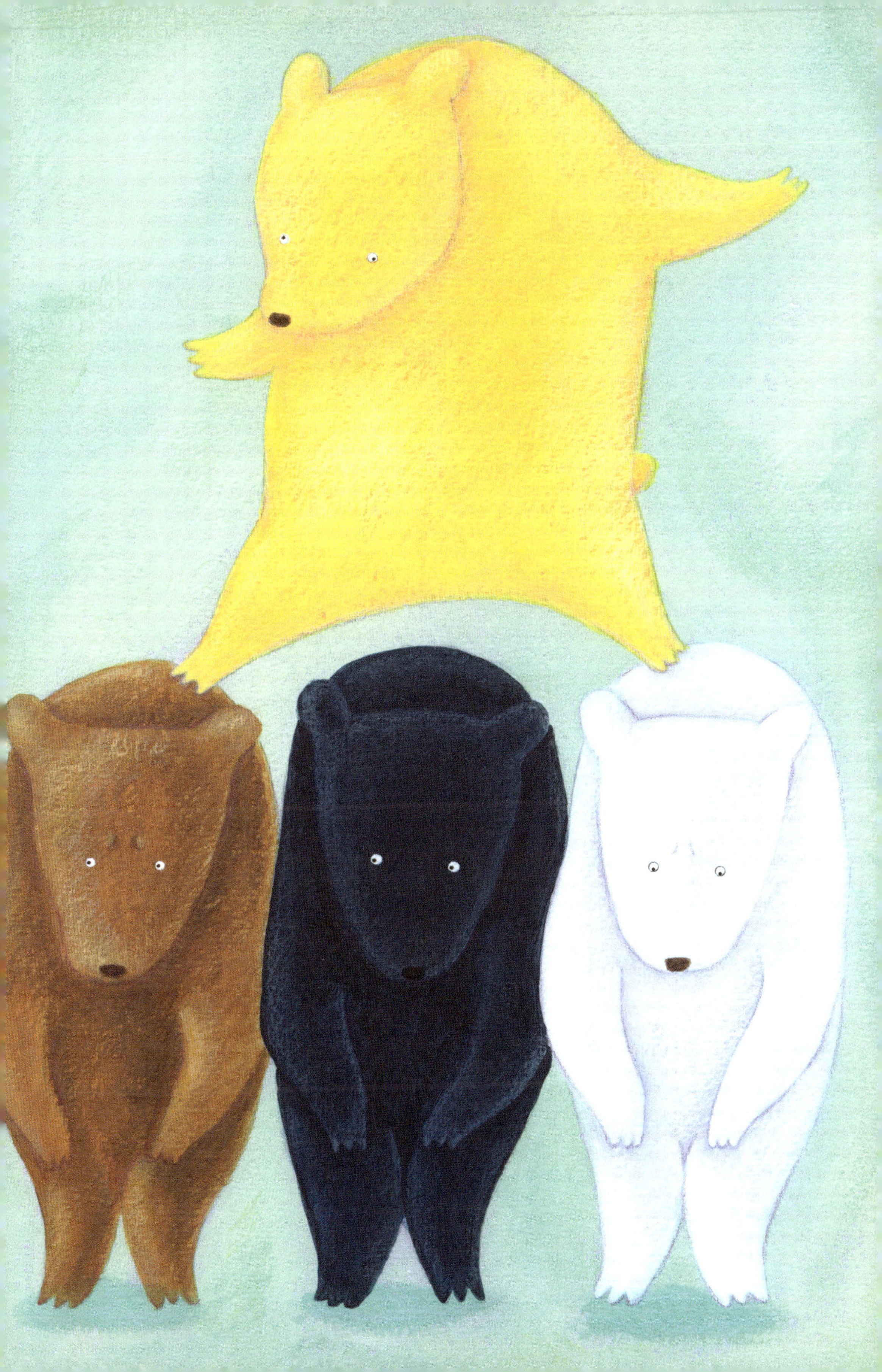

**Schließlich kommt ein blauer Bär vorbei.
„Rückst du bitte ein Stück?"**

**Finally a blue bear comes along.
"Can you move over, please?"**

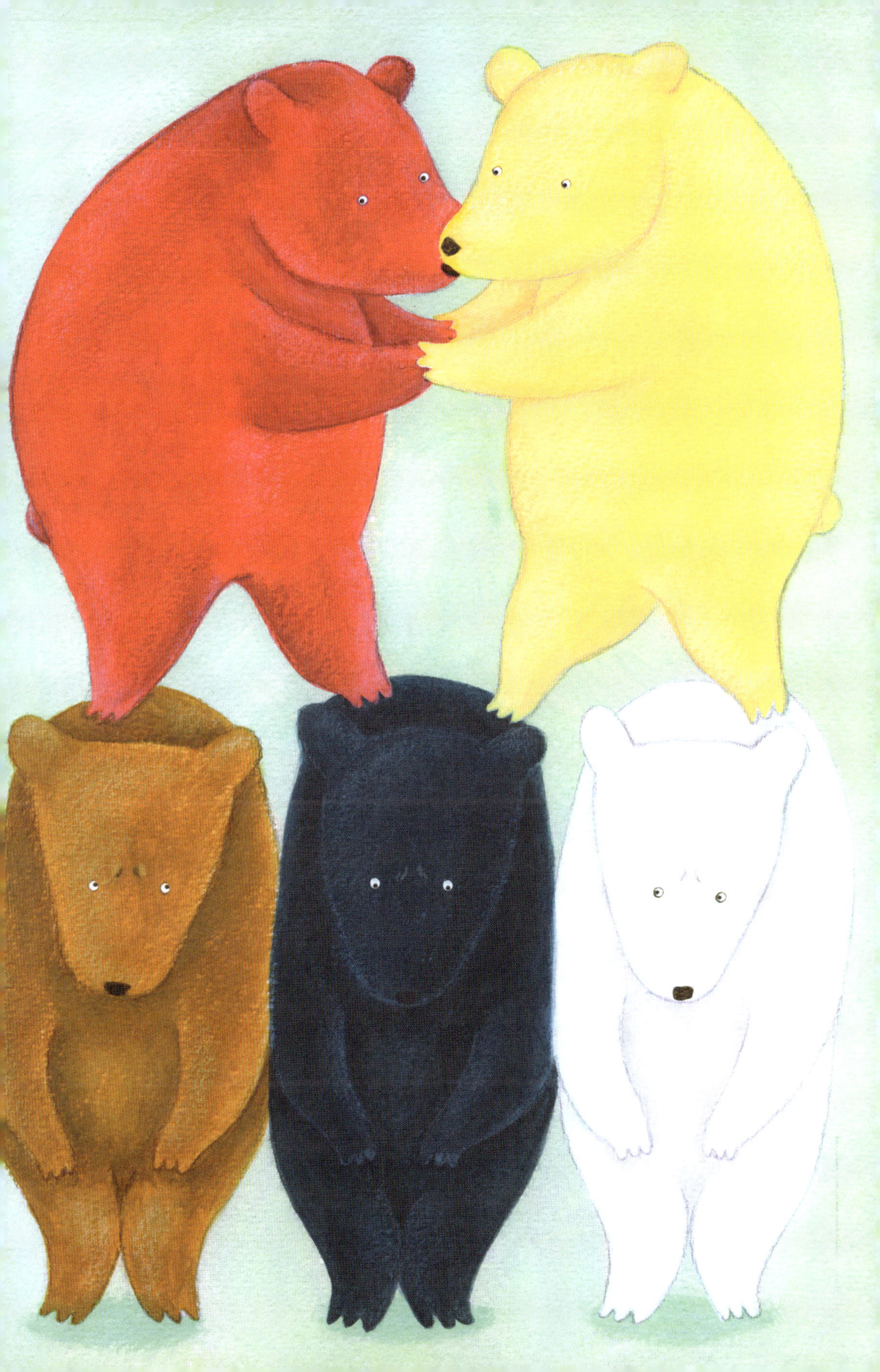

Jetzt wird's aber eng!

The bears are jam-packed!

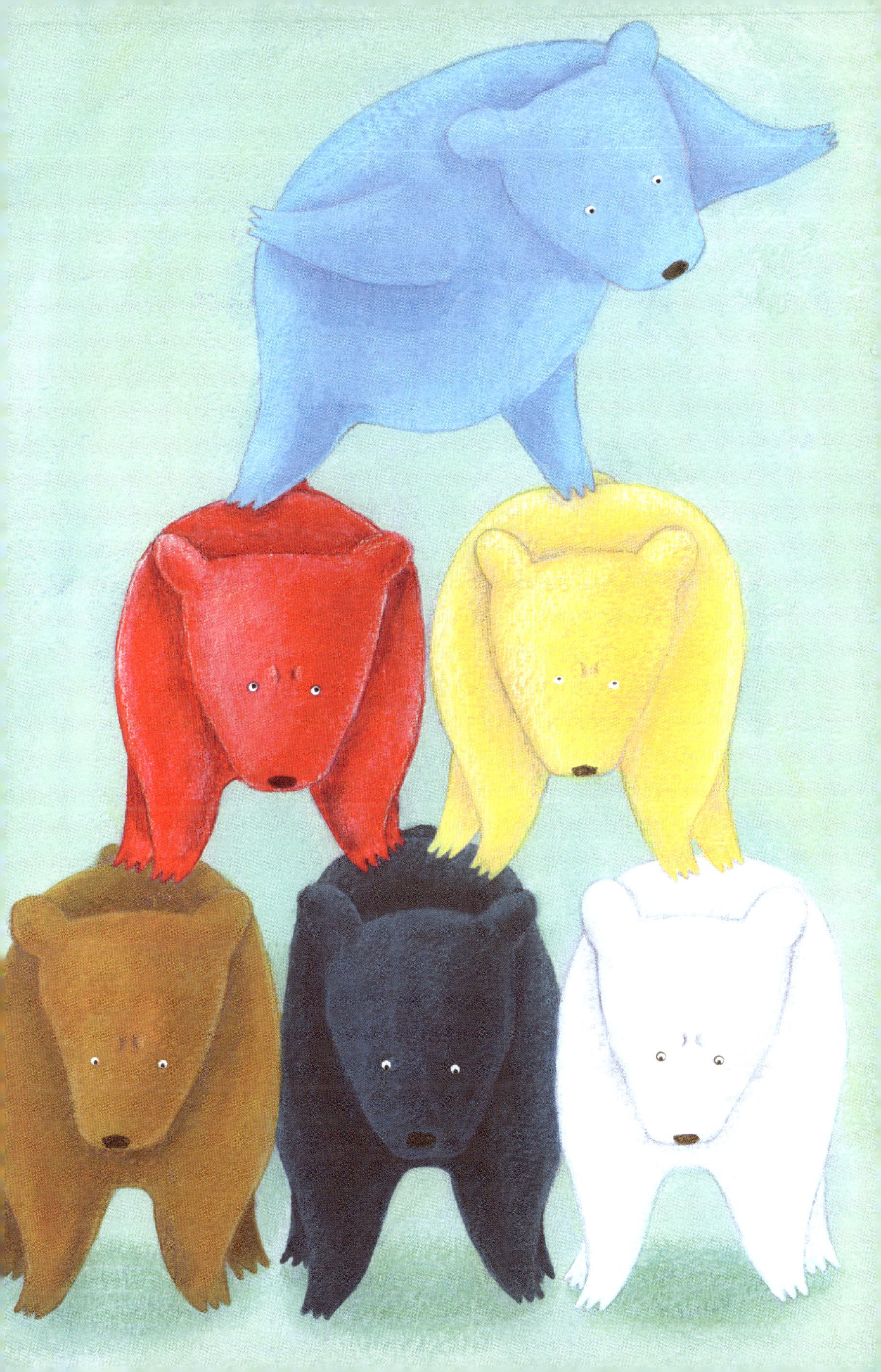

Ein weißer Hase kommt vorbei.

A white rabbit comes along.

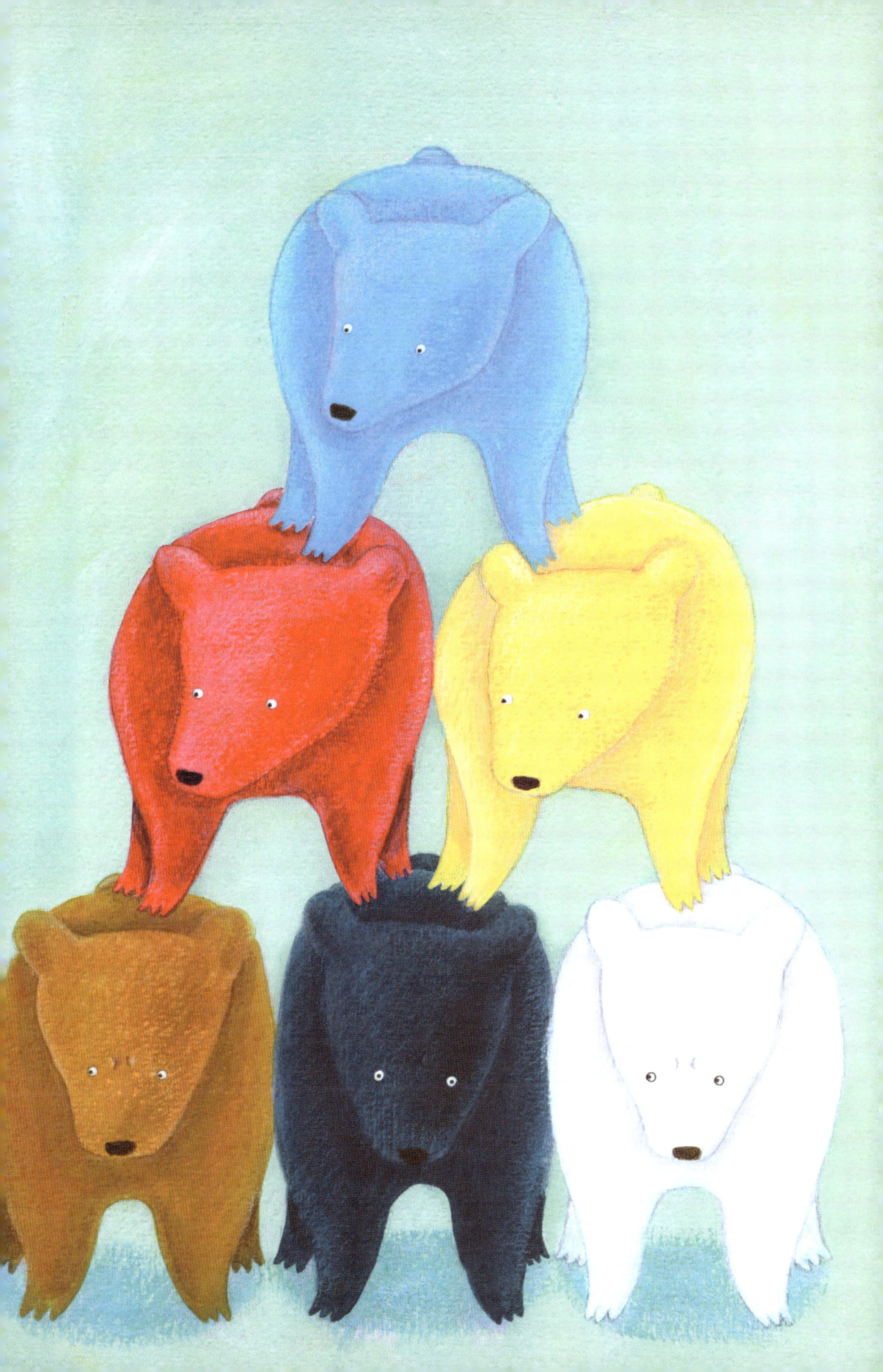

Der Hase klettert hoch.

The rabbit climbs up.

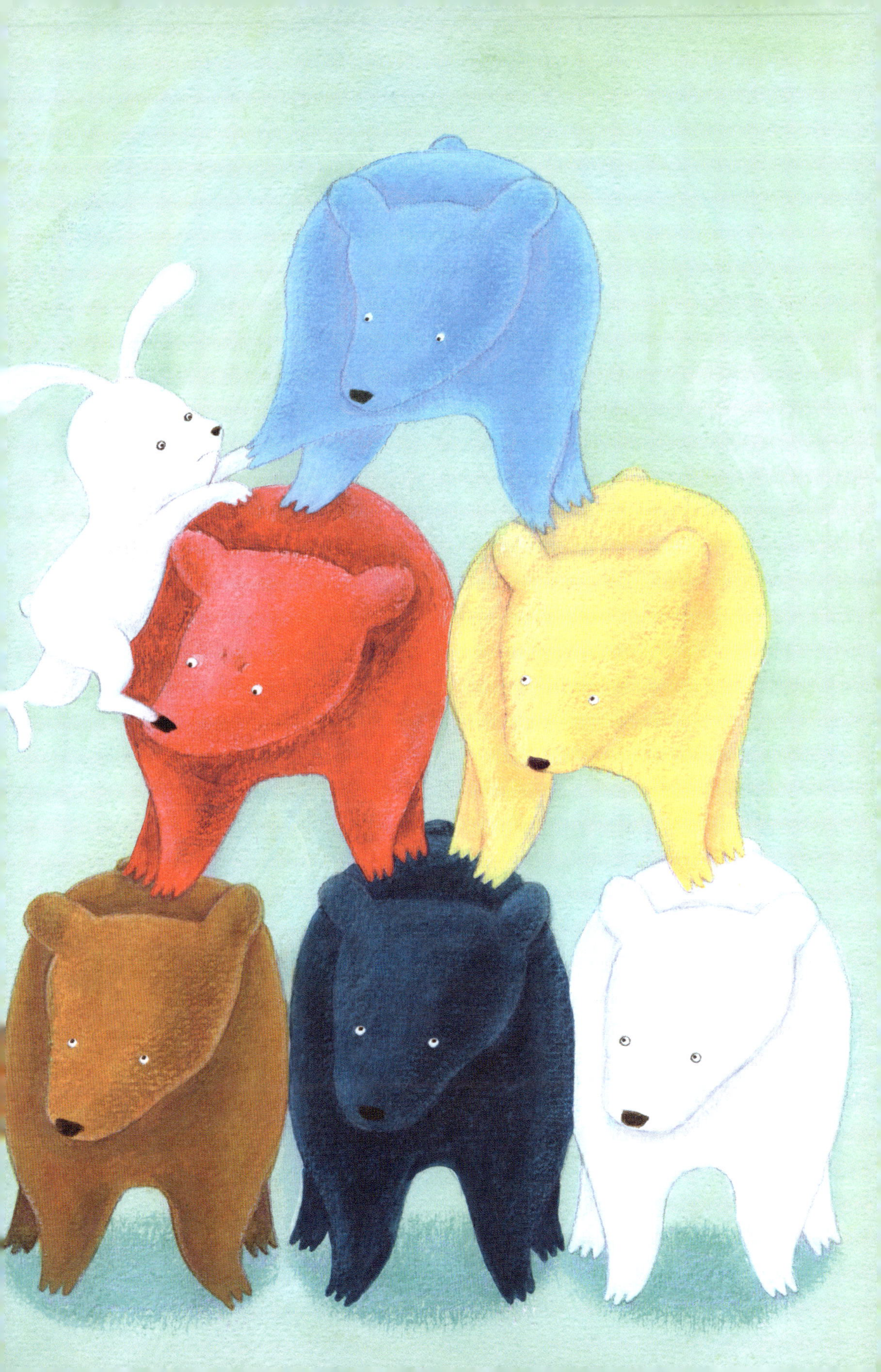

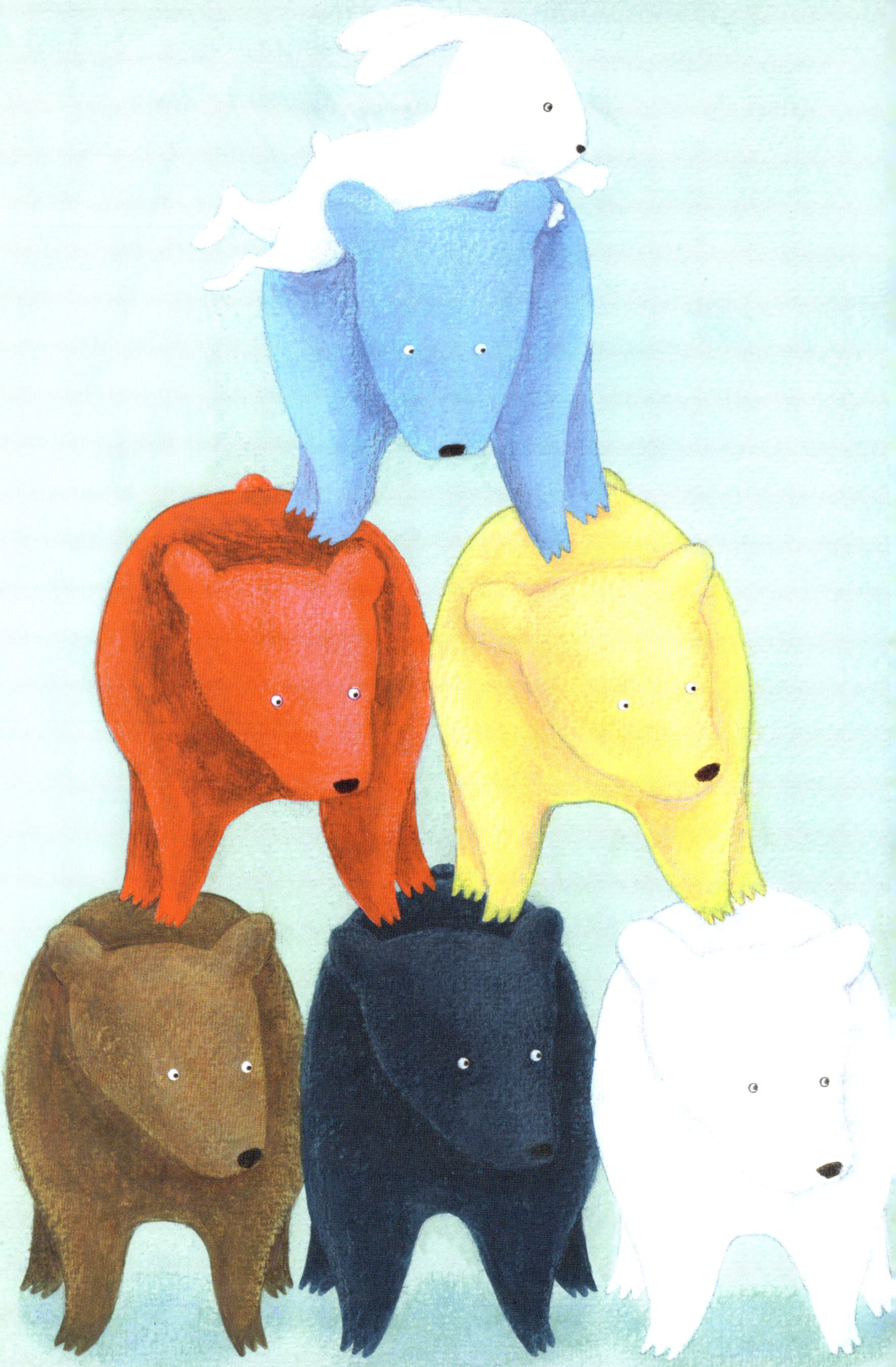

**Ein brauner Hase kommt und
bringt seinen Fotoapparat mit.
„Seid ihr bereit?"**

**A brown rabbit comes
with his camera.
"Are you ready?"**

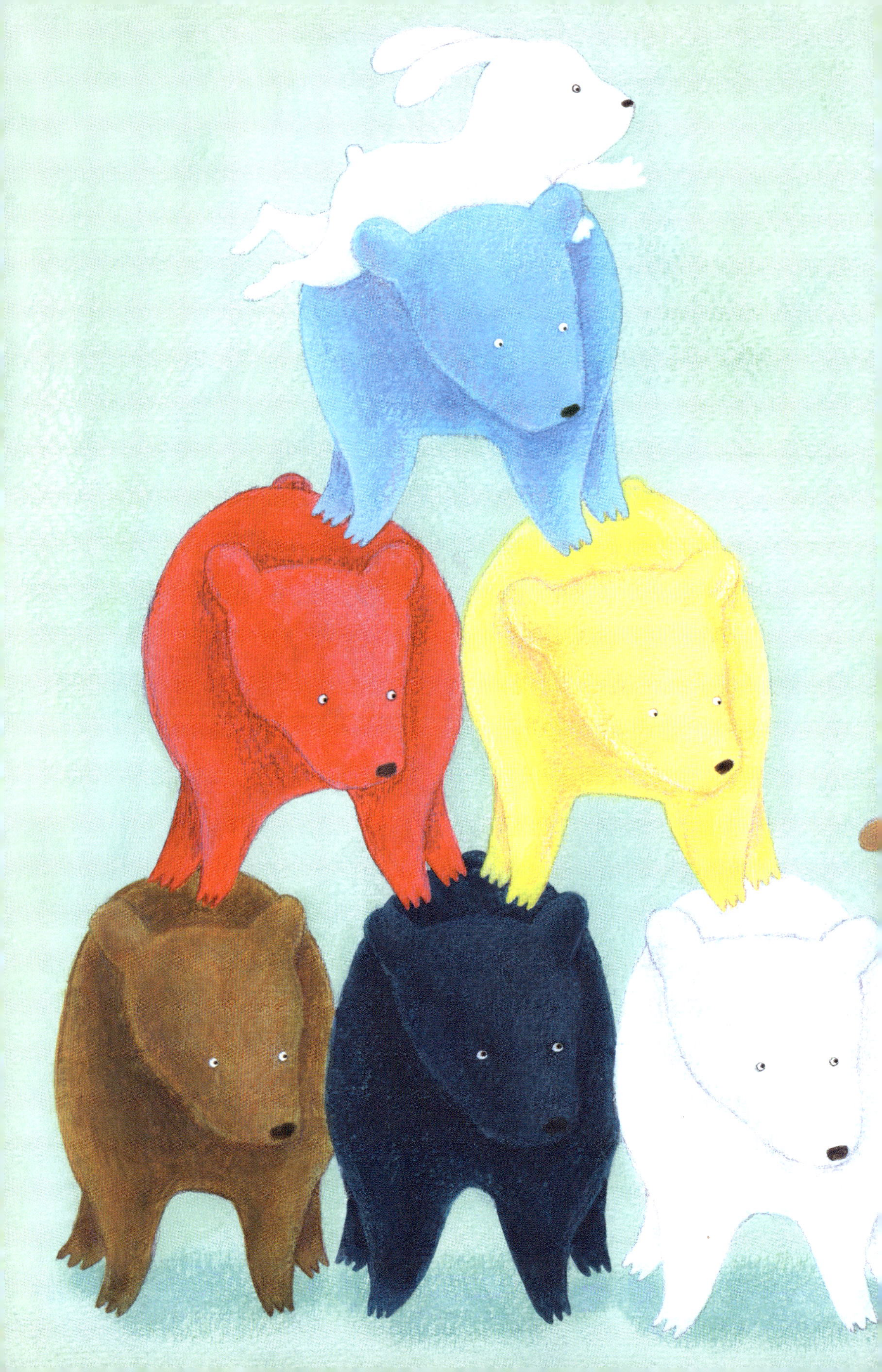

„Lächeln!"

"Say 'cheese'!"

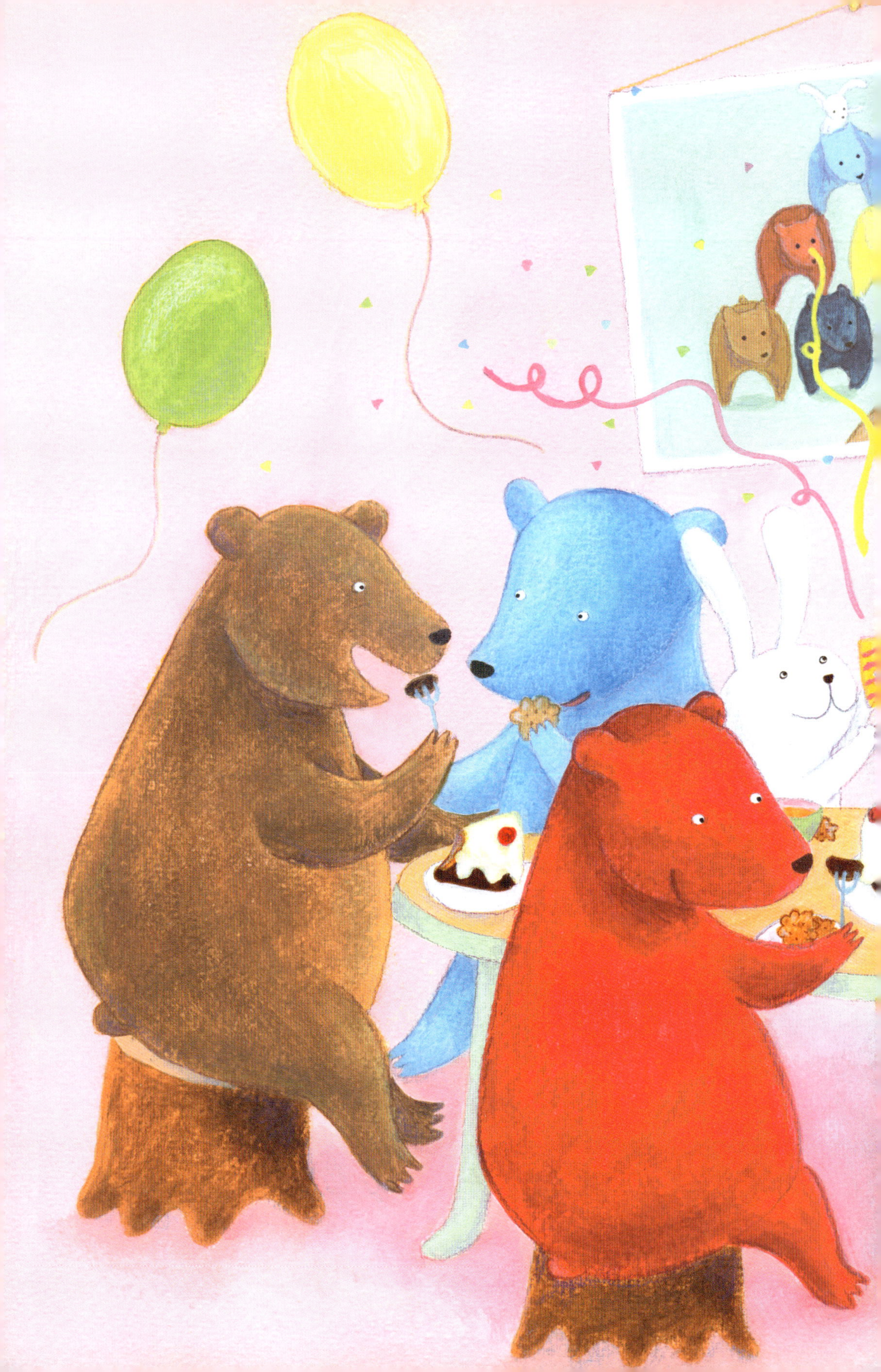

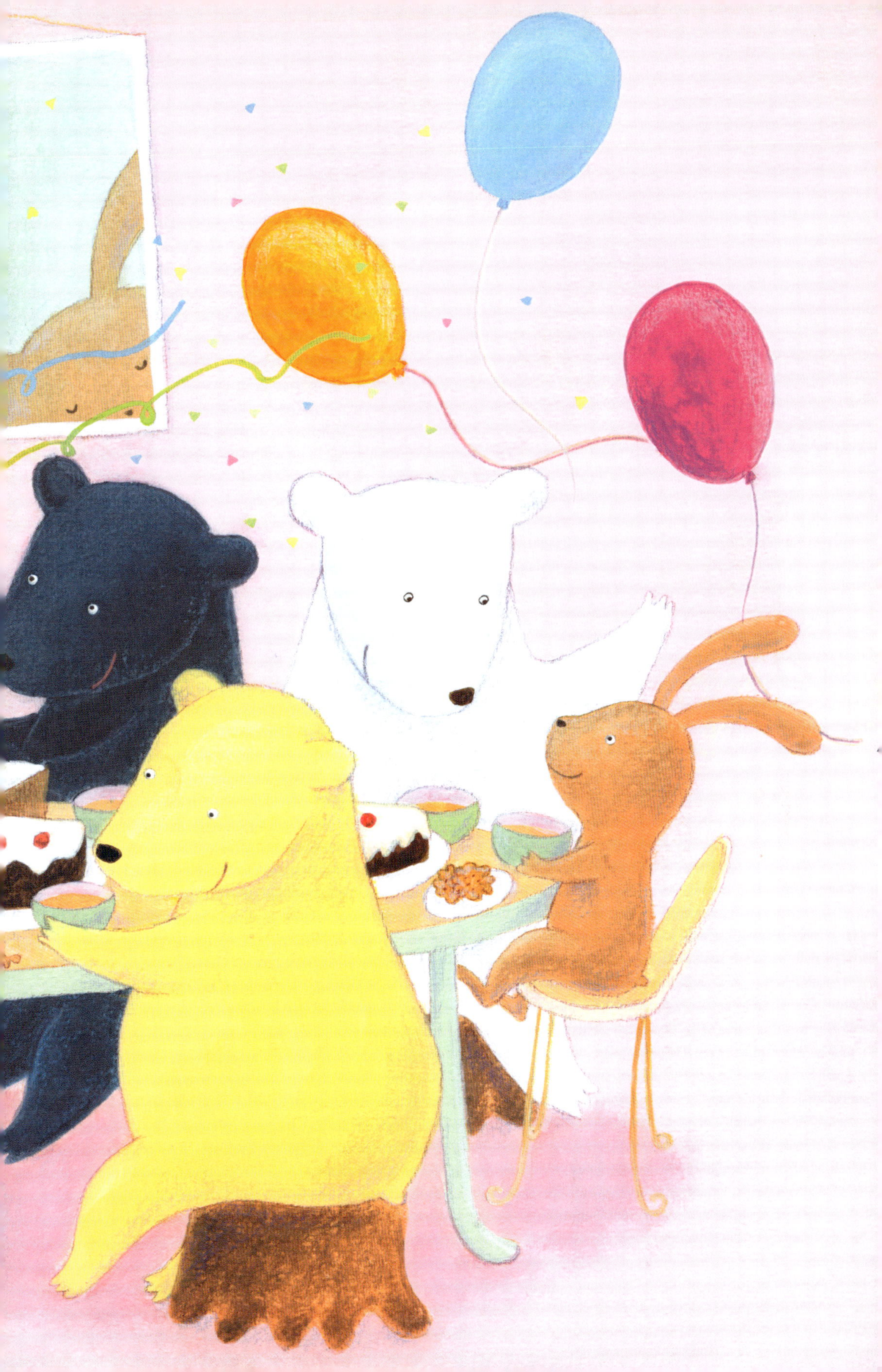

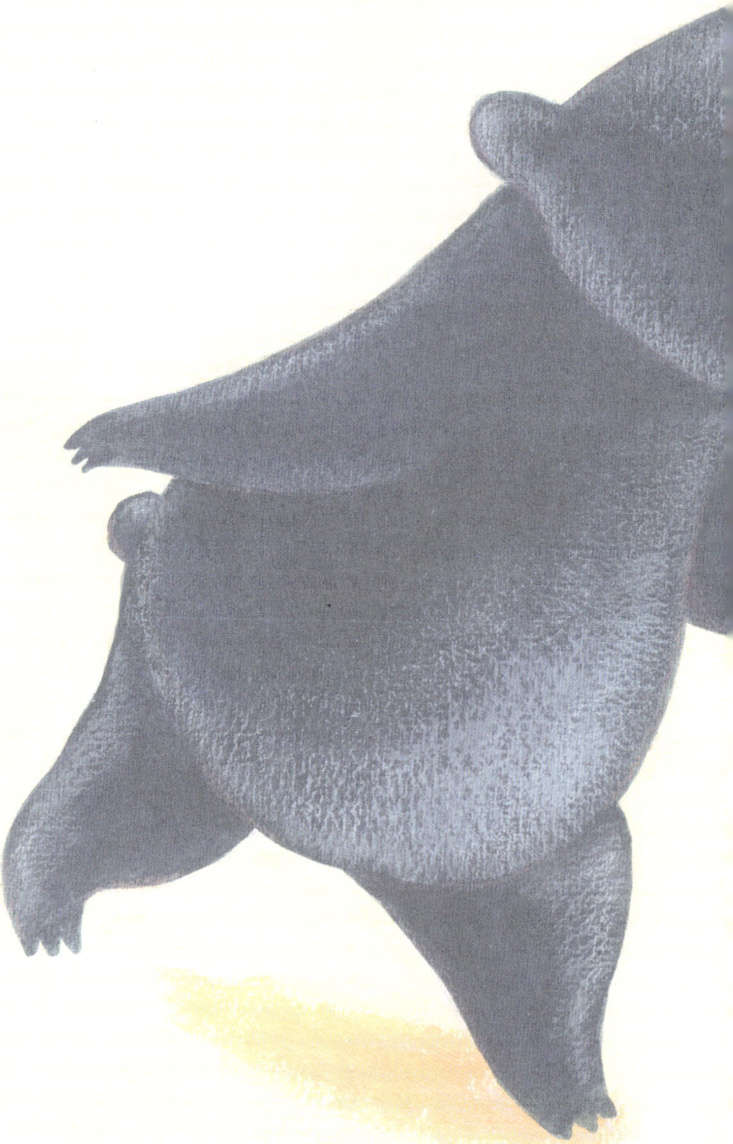